AF482835

LIVRE D'IMAGES.

LE CAPITAINE FRACASSE

PELLERIN &Cie. à ÉPINAL.

Fracasse était vraiment un homme
sans pareil,
Malheur à l'étourdi qui lui touchait
l'orteil.

Fracasse était butor, insolent et
bravache,
Et relevait souvent sa superbe mous-
tache.

Il rudoyait toujours un bourgeois,
un faquin,
Tant pis pour celui-là qui barrait
le chemin.

Il était d'une humeur rageuse et
difficile,
Surtout quand l'offenseur était un
imbécile.

Se faisait supplier et notre bon benêt,
Obtenait son pardon, payant au cabaret.

Il faisait sonner haut ses titres à la
gloire,
Ayant sur l'ennemi remporté la vic-
toire.

Toujours on l'avait vu au chemin
de l'honneur

Couché sur le terrain, terrifié par la
peur.

Malgré ses hauts exploits, et sa na-
ture altière,
Il était tout penaud devant son hô-
telière.

C'est que ce pauvre gueux, impu-
dent et menteur,
Vivait d'expédients, et n'était qu'un
hâbleur.

Tout moyen était bon pour alléger
  sa bourse,
Et souvent son dîner lui coûtait
  une course.

Il jouait à tout jeu, courant tous
les tripots,
Exploitant les joueurs, trichant les
pauvres sots.

Poussé par le besoin, parfois sans aucun doute,
Détroussait les passants isolés sur la route.

Mais un jour ses méfaits sont con-
nus du prévôt,
Qui envoie des soldats le quérir
aussitôt.

Malgré sa grande épée et sa fanfa-
ronnade,
Il est pris au collet par un tout
jeune garde.

Il est mis en prison, on instruit
son procès,
Puis honteux et confus, il attend
son arrêt.

Fracasse fut pendu devant la popu-
lace,
Tel fut le châtiment de sa coupable
audace.

LES CONTES DES FÉES
LIVRE D'IM
PELLERIN & Cie à ÉPINAL

www.ingramcontent.com/pod-product-compliance
Lightning Source LLC
LaVergne TN
LVHW051327200726
843510LV00002B/551